꺼나

소나

[누구나]

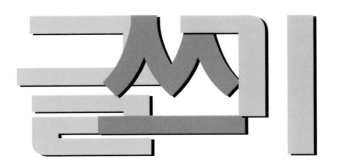

[자기 계발서]
개나 소나 글쓰기

발　행 | 2022년 06월 02일
저　자 | 박진우
펴낸곳 | 주식회사 부크크
출판사 등록 | 2014. 07. 15(제2014-16호)
주　소 | 서울특별시 금천구 가산디지털1로 119 SK트윈타워 A동 305호
전　화 | 1670-8316
이메일 | info@bookk.co.kr
isbn | 979-11-372-8443-2

www.bookk.co.kr

A table of Contents

[자기 계발서]
개나 소나 글쓰기

⌐ Pro**logue** ¬

[개나 소나 글쓰기] 박진우作

2021년 등단 / 신인 문학상 수상[서정문학]
pjwmms1125@naver.com / 010.2701.8814
https://blog.naver.com/pjwmms1125

'21 [드라마 수필] 배부른 소리하고 자빠졌네
'22 [드라마 수필] 더도 말고 덜도 말고

신간 [개나 소나 글쓰기]는 일상 속 글쓰기 연습을 위한 도서다. 또한 [개나 소나]라는 표현은 '누구나'를 뜻하기 위한 궁여지책이었다. 글쓰기란, 학습 후 써 내려가는 것이 아니다. 쉽게 말해 '선(先) 학습, 후(後) 글쓰기'가 결코 아니라는 것이다.

이에 [개나 소나 글쓰기]는 어찌 보면 '누구나' 글쓰기 또는 '무턱대고' 글쓰기란 표현이 더 어울릴지도 모른다. 무턱대고 쓴 글에 갈고 다듬는 과정, 이 과정이야말로 자신의 문체를 완성해 갈 수 있는 지름길이기 때문이다.

[개나 소나 글쓰기]는 기존의 글쓰기 특강 도서와는 차이가 크다. 일방적 교육이 아닌 '소통형' 학습이란 점에서 그렇다. 블로그 [수필 나들이] 속 글쓰기 특강에 참여한 독자들의 작품과 함께 참여 글에 대한 작가적 의견을 첨부한 형식의 도서다.

신간 '개나 소나 글쓰기'의 모토는 [같은] 소재, [다른] 표현이다. 동일 소재(주제)에 각양각색의 글들이 한데 모인 공간이란 점에서 그렇다.

앞서 말했듯 '개나 소나'는 '누구나'를 뜻한다. 결국 [같은] 소재, [다른] 표현이기에 글쓰기 연습(학습)에 있어 '누구나' 쉽게 접근 가능한 자기 계발서가 될 것이다.

● ● ●

글쓰기란, 학습 후 써 내려가는 것이 아니다.

'선 학습, 후 글쓰기'는 글쓰기에 있어 주저함만 부추길 뿐이다. '무턱대고' 글쓰기를 시작해라. 이후 [원석 다듬듯, 옥석 가리듯] 다듬어 보자.

┌ 기대평 ┐

[개나 소나 글쓰기] 기대평

이창현 / 서평 전문 블로거 코유(COU)
cou_leehyun@naver.com / 010.5797.2844
https://blog.naver.com/cou_leehyun

글쓰기는 '실행'이다. 글쓰기를 위해 문법이나 단어, 문장 호응, 글의 종류와 같은 것들을 필수적으로 알아야 할 필요가 없다. 오히려 과한 선행학습은 실행에 대한 공포만 크게 만들 뿐이다.

글쓰기에 있어 학습보다 선행해야 하는 것은 당연 '쓰는 행위'다. 복권에 당첨되려면 복권을 사야 한다. 또한 마찬가지로 글쓰기의 시작은 쓰는 행위를 통해 비로소 시작된다. 그것이 어제 먹은 점심밥에 대해서든, 불친절했던 점원에 대해서든, 책에서 읽은 좋은 대목이든, 무턱대고 써야 자신만의 문체가 나온다. 그리고 꽃에 물을 주듯, 글을 수정하고 다듬다 보면 자신만의 문체가 완성된다.

언어학자 스티븐 크라센 교수에 따르면, 아동은 특정 언어에 충분히 노출될 시 자연스레 말문이 트인다고 전한다. 유아기와 학동기를 지나면서 한국어에 어느 정도 노출된 사람은 적어도 '안녕하세요, 저는 ○○입니다.'라고 말할 줄 알 것이다.

이것으로 글쓰기의 준비는 끝이다. 말하는 것을 글자로 그대로 옮기면 그것이 글이 되기 때문이다. 어쩌면 책 제목처럼 글쓰기 행위는 '개나 소나' 하리라.

박진우 작가의 신간 [개나 소나 글쓰기]는 글쓰기를 두려워하는 모든 이, 그야말로 개든 소든 도움이 될 것이다. 왜냐하면 책을 필두로 실행에 옮겨주기 때문이다. '동일한' 소재에서 [다양한] 생각이 나오는 글들이 한데 모아져 저마다의 시선을 참고하기에 좋다. 자신의 기억이나 추억의 장면을 떠올리며 장면을 [쓰는] 시간이 되길 바란다. 단원의 끝에는 당신을 위한 공간이 존재한다. 무턱대고 쓰자.

• • •

자신만의 장면을 '쓰는' 시간이 되길 바란다.

글쓰기에 있어 학습보다 선행돼야 하는 것은
당연히 '쓰는' 행위이다. 글쓰기는 '실행'이다.

개나 소나 글쓰기

01 추상적 정의와 구체적 해석

[글쓰기] 특강
[01] 추상적 정의와 구체적 해석

아래 [소재]와 [습작] 그리고 [원문]을 참고하세요.
추상적 정의 후 구체적 해석이 이어지는 글입니다.

☑ 글쓰기 소재입니다.
■ 추상적 정의」 오늘 하루는 ○○○○○이다.
■ 구체적 해석」 ○○○○ ○○○○ 때문이다.
→ 추상적 정의에 대한 이유

[수정 전] 습작
늦은 출근길이었다. 막힌 도로에 신호 위반을 하다가
과태료까지 물었다. 정말이지 '엉망진창'인 하루였다.

[수정 후] 원문
참 오늘 하루는 [엉망진창]에 [엎친 데 덮친 격]이다.
늦은 출근길에 꽉 막힌 도로, 곧 앞서거니 뒤서거니
무작정 뛰어든 채 교차로 앞 '검붉은' 신호에 과태료
파티까지 열어댔으니 말이다.(~댔기 때문이다.)

[출처] 배부른 소리하고 자빠졌네
드라마 수필 / 박진우 작가

[같은] 소재, [다른] 표현
■ 글쓰기 참여 작품, blog「수필 나들이」

[날아라 몽자]님이 작성한 글입니다.
오늘 하루는 마치 [버튼]과도 같다.
내 안에 꺼져있던 '마이너스' 감정이 [네] 손에 의해
잠들어 있던 [내] 심장 버튼을 눌러 '플러스' 감정이
되어 버렸으니 말이다.

[박진우 작가]의 의견입니다.
[내]와 [네]의 운율을 적절히 대비시켜 꽤나 '리듬감'
있는 문장을 꾸며 주셨습니다. '설렘'의 의미, 다시금
느껴 볼 수 있는 기회여서 참 좋았습니다.

[매일헌]님이 작성한 글입니다.
오늘 하루는 마치 [평행선]과도 같다.
필사적인 뜀박질과 많은 '넘어짐'에도 어디로도 가지
못하고 어떤 변화도 없이 그저 '제자리'에 있기 때문
이다.

[박진우 작가]의 의견입니다.

[깔끔한] 문체에 '의미 전달' 역시 명확해 가독성 좋은 글이라 판단됩니다. 앞으로도 깔끔한 글 부탁드립니다.

[책 좋아하는 마미]님이 작성한 글입니다.

오늘 하루는 [싱숭생숭]한 날이다.

오랜만에 만날 동생과의 '재회'가 기뻤던지 서두른다.

한 정거장 '미리' 내리려고 내려섰다 다시 앉은 모습,

내린 후 이리 갔다 저리 갔다 헤매는 까닭이다.

[박진우 작가]의 의견입니다.

[싱숭생숭]은 추상적 정의, 결국 '결과'를 뜻하는 문장이며 이하 문장은 그 결과에 대한 이유를 뒷받침하는 문장입니다. 문맥상의 의미는 파악이 되나 [불투명한] 인과 관계 탓에 가독성이 떨어지는 문장이었습니다.

[경주SQ]님이 작성한 글입니다.

오늘 하루는 [롤러코스터]와도 같다.

나이가 먹도록 '치과'는 다닐 만큼 다녔다 생각했는데

오늘도 어김없이 공포감과 스릴이 소리와 진동음까지

한데 모여 장난이 아니었기 때문이다.

[박진우 작가]의 의견입니다.
긴장감 유발을 위해 [비유]나 [은유]를 첨가해 보시면
더욱 맛깔난 문장이 되리라 예상해 봅니다. 아무쪼록
솔직하고 꾸밈없는 글 감사합니다.

[HUBBLE]님이 작성한 글입니다.
오늘 하루는 [무지개]와도 같다.
'무심코' 바라본 하늘에 무지개를 발견했을 적에 느낀
감동처럼 뜻하지 않은 괜찮은 소식을 들었기 때문이다.

[박진우 작가]의 의견입니다.
내용과 문체를 꾸밈없이 참 담백하게 구성하셨습니다.
뒤에 이어질 좋은 소식이 과연 무엇일지 내심 궁금해
지는 글이었습니다.

[조한분Dream]님이 작성한 글입니다.
오늘 하루는 [독도]와도 같다.
휴대폰 알림음조차 끈 채 작은 해안 마을에 들어왔다.

한 번의 벨 소리도 울리지 않은 오늘, '혼자' 떨어져 있는 느낌이기 때문이다.

[박진우 작가]의 의견입니다.
[독도]는 추상적 정의, 즉 '결과'에 해당하는 문장이고 이하 문장은 그 결과에 대한 '이유'를 설명하는 문장입니다. 나홀로 여행 중 경험한 자신만의 감정을 독도라는 사물에 빗대어 담백하게 잘 표현해 주셨습니다.

[서로이웃 환영]님이 작성한 글입니다.
오늘 하루는 '구멍'을 잘못 끼운 첫 [단추]와도 같다. 힐레벌떡 일어난 뒤늦은 아침, 빠듯한 일정에 해야 할 일들은 뒤로 미룬 채 정작에 마무리했어야 할 중요한 것은 하지 못했기 때문이다.

[박진우 작가]의 의견입니다.
흔한 [일상] 속 소박한 글이지만 '삶'의 큰 [의미]를 깨닫게 해 주는 글이었습니다. '의미' 전달도 명확해 가독성 역시 괜찮은 문장이었습니다.

[같은] 소재, [다른] 표현

■ 당신을 위한 공간, 글쓰기 '서재'입니다.

[수정 전] 습작

———————————————————
———————————————————
———————————————————
———————————————————
———————————————————
———————————————————

[   ]님이 작성한 글입니다.

———————————————————
———————————————————
———————————————————
———————————————————
———————————————————

[박진우 작가]의 의견입니다.

———————————————————
———————————————————

■ 작가의 의견 듣기 → 블로그 [수필 나들이] 공지 참고

[같은] 소재, [다른] 표현

■ 당신을 위한 공간, 글쓰기 '서재'입니다.

[수정 전] 습작

_____

_____

_____

_____

_____

_____

[   ]님이 작성한 글입니다.

_____

_____

_____

_____

_____

[박진우 작가]의 의견입니다.

_____

_____

_____

■ 작가의 의견 듣기 → 블로그 [수필 나들이] 공지 참고

[같은] 소재, [다른] 표현

■ 당신을 위한 공간, 글쓰기 '서재'입니다.

[수정 전] 습작

_____

_____

_____

_____

_____

_____

[   ]님이 작성한 글입니다.

_____

_____

_____

_____

_____

[박진우 작가]의 의견입니다.

_____

_____

_____

■작가의 의견 듣기 → 블로그 [수필 나들이] 공지 참고

개나 소나 글쓰기

02 추상적 정의와 구체적 해석

[글쓰기] 특강
[02] 추상적 정의와 구체적 해석

아래 [소재]와 [습작] 그리고 [원문]을 참고하세요.
추상적 정의 후 구체적 해석이 이어지는 글입니다.

☑ 글쓰기 소재입니다.
▨ 추상적 정의」 ○○○는 내게 ○○○○이다.
▨ 구체적 해석」 ○○○○ ○○○○ 때문이다.
　　　　　　→ 추상적 정의에 대한 이유

[수정 전] 습작
뒤늦은 출근길이었다. 막힌 도로에 신호 위반을 하다
'과태료'까지 물었다. 정말이지 엉망진창인 하루였다.

[수정 후] 원문
'미루적미루적' [게으름]은 내게 곧 [세금 폭탄]이다.
늦은 출근길에 꽉 막힌 도로, 곧 앞서거니 뒤서거니
무작정 뛰어든 채 교차로 앞 검붉은 신호에 과태료
파티까지 열어댔으니 말이다.(~댔기 때문이다.)

[출처] 배부른 소리하고 자빠졌네
드라마 수필 / 박진우 작가

[같은] 소재, [다른] 표현
■ 글쓰기 참여 작품, blog「수필 나들이」

[날아라 몽자]님이 작성한 글입니다.
삶에 있어 [운동]은 내게 [가시]와도 같다.
하루라도 운동을 하지 않으면 몸에 가시가 돋는 듯
찌뿌등한 컨디션에 때론 [바늘]인 양 뾰족한 가시가
건강한 삶 속 콕콕대는 자극제가 되어 주기도 하니
말이다.

[박진우 작가]의 의견입니다.
가시라는 [단어]에 중의적 표현을 잘 담아 주셨네요.
[쉽지 않은] 기법임에도 '편히' 읽을 수 있는 문장을
만들어 주셨네요. 앞으로도 좋은 글 기대하겠습니다.

[책 좋아하는 마미]님이 작성한 글입니다.
[인생]은 내게 [책]과도 같은 존재다.
책에서 배우고 있는 것들도 많지만, 인생 역시 내게
많은 가르침을 준다. 늘 부딪히고 깨닫고 그런 과정

속에 나는 조금씩 성장해 가기 때문이다.

[박진우 작가]의 의견입니다.
흔한 [일상] 속 소박한 글이지만 '삶'의 큰 [의미]를
깨닫게 해 주는 글이었습니다. '의미' 전달도 명확해
가독성 역시 적절한 문장이었습니다.

[매일현]님이 작성한 글입니다.
[축구공]은 내게 [압정]과도 같다.
잘하지도 못하는 골키퍼를 하게 됐다. '눈치' 보이고
잘하고 싶은 마음이야 굴뚝같지만 몸이 도무지 따라
주질 않는다. 차라리 손으로 '압정'을 잡으라고 하는
편이 나으니 말이다.

[박진우 작가]의 의견입니다.
내용과 문체를 꾸밈없이 참 '담백'하게 구성하셨네요.
고등학생 신분임에도 보기 드문 적극적 참여에 무한한
칭찬을 보내 드리고 싶습니다. 앞으로도 큰 욕심 없는
맑은 글 기대하겠습니다.

[순순]님이 작성한 글입니다.
[글쓰기 특강]은 내게 [용기]와도 같다.
맞춤법 자주 틀리고 어휘 선택에 어려움 역시 느끼고
독서량이 부족해서 내용의 '빈약함'을 알기 때문이다.

[박진우 작가]의 의견입니다.
글쓰기 특강이 용기와도 같다는 쉽고 명료한 문장을
만들어 주셨네요. 다만 [~하고 ~하고 ~해서 ~함을]
에서 보듯이 의미는 꽤 명료하나 문체가 '늘어져' 자칫
지루한 문장으로 느껴질 수도 있습니다. 이에 반복적
어구는 피하시는 것이 좋겠습니다. 앞으로도 '깔끔한'
글 기대하겠습니다.

[HUBBLE]님이 작성한 글입니다.
[핑계]는 내게 [수채화 물감]과도 같다.
작은 물방울 하나가 넓게 퍼지듯 작은 '핑계' 하나가
지울 수 없는 꽤 커다란 '후회'로 다가오기 때문이다.

[박진우 작가]의 의견입니다.
[핑계]라는 추상적 개념과 '구체적' 해석, 즉 [수채화
물감]이 지닌 고유의 특성을 한데 잘 버무려 깔끔한
문장을 만들어 주셨습니다. 앞으로도 군더더기 없는
깔끔한 글 기대하겠습니다.

[경주SQ]님이 작성한 글입니다.

[쑥]은 내게 [비타민]과도 같다.

남들이 나른한 봄에 식곤증을 날리려 비타민을 먹듯
나는 쑥을 보기만 해도 쑥향기가 떠올라 몸이 가뿐해
지고 기분이 좋아지기 때문이다.

[박진우 작가]의 의견입니다.

기대감 유발을 위해 '비유'나 은유를 조금 더 첨가해
보시면 더욱 '맛깔난' 문장이 될 듯합니다. 아무쪼록
솔직하고 꾸밈없는 글 감사합니다.

[같은] 소재, [다른] 표현

■ 당신을 위한 공간, 글쓰기 '서재'입니다.

[수정 전] 습작

_____

_____

_____

_____

_____

_____

[   ]님이 작성한 글입니다.

_____

_____

_____

_____

_____

[박진우 작가]의 의견입니다.

_____

_____

_____

■작가의 의견 듣기 → 블로그 [수필 나들이] 공지 참고

[같은] 소재, [다른] 표현

■ 당신을 위한 공간, 글쓰기 '서재'입니다.

[수정 전] 습작

_____

_____

_____

_____

_____

_____

[   ]님이 작성한 글입니다.

_____

_____

_____

_____

_____

[박진우 작가]의 의견입니다.

_____

_____

_____

■작가의 의견 듣기 → 블로그 [수필 나들이] 공지 참고

[같은] 소재, [다른] 표현
■ 당신을 위한 공간, 글쓰기 '서재'입니다.

[수정 전] 습작

_____

_____

_____

_____

_____

[   ]님이 작성한 글입니다.

_____

_____

_____

_____

_____

[박진우 작가]의 의견입니다.

_____

_____

_____

■작가의 의견 듣기 → 블로그 [수필 나들이] 공지 참고

개나 소나 글쓰기

03 감정 표현과 상황 묘사

[글쓰기] 특강
[03] 감정 표현과 상황 묘사

아래 [소재]와 [습작] 그리고 [원문]을 참고하세요.
'감탄사' 삽입 후 '상황' 묘사가 이어지는 글입니다.

☑ 글쓰기 소재입니다.
▨ 감정 표현」감탄사, 이후 추상적 감정 표현
■ 상황 묘사」○○○○ ○○○○ ○○ ○○다.
→ 감정 표현에 대한 상황 묘사

[수정 전] 습작
양손 가득 '짐' 꾸러미를 들었다. 그런데 [미시오]는
보이지가 않고 [당기시오]만 있으니 짜증난 하루였다.

[수정 후] 원문
에휴, 나 이것 참. 은행이고 뭐고 그냥 집이나 갈란다.
양손 가득 짐 꾸러미에 가는 곳마다 당기시오 천지니
가는 사람만 왕이요 '오는' 사람은 그저 찬밥 신세다.

[출처] 배부른 소리하고 자빠졌네
드라마 수필 / 박진우 작가

[같은] 소재, [다른] 표현
■ 글쓰기 참여 작품, blog 「수필 나들이」

[blackmirea]님이 작성한 글입니다.
[아, 이렇게 훅 치고 들어오면 반칙이죠.]
새벽 미라클 모닝 시간에 늦잠으로 인해 강의에 지각
했다. 수많은 위로와 응원의 댓글, 그 글들을 한참을
보며 울컥했다.

[박진우 작가]의 의견입니다.
문맥(의미) 파악을 하기에 다소 불편한 문장이었습니다.
문장이 늘어지지 않도록 잘 다듬어 보시기 바랍니다.
한 문장 안에 [~을 ~을] 이처럼 동일 어구의 반복은
피해 주심이 좋을 듯합니다.

[경주SQ]님이 작성한 글입니다.
[아, 그것 참. 이건 또 무슨 소리야?]
햄버거에 찹쌀떡까지 곁들이다 결국 식채로 온 집에
소동을 내고 옴짝달싹 못하게 하더니 소화제 한 알에

언제 그랬냐는 듯 이놈의 배는 또 배고프다 난리다.

[박진우 작가]의 의견입니다.
상황이 꽤 잘 그려지는 [묘사] 글을 보내 주셨습니다.
날이 갈수록 보내 주시는 글 곳곳에 깔끔함이 묻어나
흐뭇한 마음까지 들곤 한답니다. 좋은 글 감사합니다.

[날아라 몽자]님이 작성한 글입니다.
[아니, 그게.. 이러면 반칙이지.]
내 몸은 봄 맞을 준비가 아직인데 진달래 넌 꽃바람
에도 흔들림 없는 곧은 자태라니, 너무한 거 아니야?
게다가 분홍 볼터치에 한껏 뽐내기까지 하고 있으니
난 어쩌란 말이야.

[박진우 작가]의 의견입니다.
작은 사물에 빗대어 본인의 감정을 표현해 주셨네요.
날이 갈수록 깔끔하고 담백한 문체를 선물해 주시니
저 역시 보람이 크답니다. 귀중한 글 감사합니다.

[서로이웃 환영]님이 작성한 글입니다.

[맙소사, 불과 한 시간 만에 현기증이 난다.]
제자리에 두었던 물건들이 발이 달려 스스로 움직인
것도 아닐 텐데, 엄마인 나는 계속 치우고 아이들은
뒤따르며 어지럽히니 밑 빠진 독에 물 붓는 기분이란
이런 것일까?

[박진우 작가]의 의견입니다.
어릴 적 제 모습을 보듯 '일상' 속 소박한 글이지만
눈앞에 그려지듯 담아낸 깔끔한 문장이었습니다. 또
초반 감정 표현에 이어지는 상황 묘사 역시 적절해
내용(문맥)을 이해하기에 편안한 문장이었습니다. 좋은
글 감사합니다. 앞으로도 담백한 글 기대하겠습니다.

[책 좋아하는 마미]님이 작성한 글입니다.
[정말, 사뿐사뿐 내려앉은 벚꽃길이다.]
연분홍이 예쁘기만 한데 '눈꽃' 같다. 차는 북적인다.
네비게이션은 정체를 알리고 벚꽃 놀이는 차 안에서
즐기고 있는 중이다. 도로는 밀리고 '벚꽃'은 예쁘다.

[박진우 작가]의 의견입니다.
이번 주 글쓰기 특강에서 제시한 [소재]를 한 번 더
확인해 보심이 좋을 듯합니다. 감탄사 후 [감정 표현]
그리고 감정 표현에 대한 [상황 묘사] 순입니다.

[매일현]님이 작성한 글입니다.

[아, 비 맞은 듯 촉촉이 적셔지는 슬픈 날이다.]

인생을 살아가다 인간관계와 사랑에 점수를 매길 수 있다면 나는 빵점일 것이다. 누군가 달려와 "그러한 생각 마요!"라고 말해 준다면 참 좋으련만.

[박진우 작가]의 의견입니다.

문맥(의미) 파악을 하기에 다소 불편한 감이 있습니다. 추상적 의미보다는 좀 더 구체적 상황 묘사에 관심을 가져 주시면 한층 담백한 글이 되리라 생각합니다.

[같은] 소재, [다른] 표현

■ 당신을 위한 공간, 글쓰기 '서재'입니다.

[수정 전] 습작

_____

_____

_____

_____

_____

[   ]님이 작성한 글입니다.

_____

_____

_____

_____

_____

[박진우 작가]의 의견입니다.

_____

_____

_____

■ 작가의 의견 듣기 → 블로그 [수필 나들이] 공지 참고

[같은] 소재, [다른] 표현

■ 당신을 위한 공간, 글쓰기 '서재'입니다.

[수정 전] 습작

_____

_____

_____

_____

_____

_____

[   ]님이 작성한 글입니다.

_____

_____

_____

_____

_____

_____

[박진우 작가]의 의견입니다.

_____

_____

_____

■작가의 의견 듣기 → 블로그 [수필 나들이] 공지 참고

[같은] 소재, [다른] 표현

■ 당신을 위한 공간, 글쓰기 '서재'입니다.

[수정 전] 습작

[   ]님이 작성한 글입니다.

[박진우 작가]의 의견입니다.

■ 작가의 의견 듣기 → 블로그 [수필 나들이] 공지 참고

개나 소나 글쓰기

04 상황 묘사와 감정 표현

[글쓰기] 특강
[04] 상황 묘사와 감정 표현

아래 [소재]와 [습작] 그리고 [원문]을 참고하세요.
상황 묘사 후 감정 표현이 바로 이어지는 글입니다.

☑ 글쓰기 소재입니다.
■ 상황 묘사」자유 형식의 글입니다. 60자 내외
■ 감정 표현」자유 형식의 글입니다. 60자 내외
→ 상황 묘사에 대한 감정 표현

[수정 전] 습작
새벽녘 도로는 한적해 막힘이 전혀 없는데 차선 바꿔 앞서 나가든지 경적 소리에 상향등을 켜고 정말이지 어이가 없었다.

[수정 후] 원문
편도 2차선 도로에 분명 '뒤차' 빼곤 차 한 대 없는 상황, 앞서 가려면 차선을 바꿔 속도만 올리면 끝일 것을, 새벽녘 빵빵거림에 상향등까지 [에휴.. 지랄도 대풍년이다.]

[출처] 배부른 소리하고 자빠졌네
드라마 수필 / 박진우 작가

[같은] 소재, [다른] 표현
■ 글쓰기 참여 작품, blog 「수필 나들이」

[날아라 몽자]님이 작성한 글입니다.
'탈탈탈', 내 앞길을 막아선 구닥다리 트랙터 소리다.
편도 1차선 도로에 거북이걸음도 모자라 아장걸음질
까지 하고 있다. [휴, 뭐 어쩌겠는가. 녀석의 꿉꿉한
똥꼬 냄새만 맡으며 가던 길 가는 수밖에.]

[박진우 작가]의 의견입니다.
상황 그대로가 '눈앞'에 그려지듯 무척이나 깔끔하고
[사실적인] 묘사를 해 주셨네요. 마무리 문장인 감정
표현까지 적절해 덧붙일 의견이 없을 정도로 발전된
모습을 보여 주셨습니다. 앞으로도 응원하겠습니다.

[blackmirea]님이 작성한 글입니다.
매일같이 함께 놀던 내가 블로그를 본다고 저와 눈도
안 마주치니 골이 나서 책을 가져와 내 무릎을 베고
눕는다. [오메, 미안해라. 내 무릎 좀 저리면 어때?]

[박진우 작가]의 의견입니다.

문장 초반 '누구와'가 없는 상태로 '저와'라는 표현 탓에 [의미] 전달이 모호해 가독성이 떨어지는 문장이었습니다. [~한다고 ~하니 ~해서 ~하고 ~한다] 이처럼 문장이 늘어짐에 신경 써 주시기 바랍니다.

[책 좋아하는 마미]님이 작성한 글입니다.

아들이 게임을 하고 있다. 요즘 유행하는 롤게임이다. 예전 스타크래프트가 떠오른다. 손가락 놀림이 예사롭지가 않다. '두두두' 나도 그곳에 들어가 두드리고 싶다. [아, 후려치는 짜릿한 기분은 어쩔 수가 없다.]

[박진우 작가]의 의견입니다.

예전과 달리 문장 '부호'의 쓰임이 꽤 적절해 읽기에 편했습니다. 또한 문장도 많이 깔끔해져 가독성 역시 살아나고 있는 듯합니다. 다음 글도 기대하겠습니다.

[HUBBLE]님이 작성한 글입니다.

다짐하고 못다 한 일이 한가득이다. 남들과의 약속엔

핑계 없이 곧 잘 지키면서 자신과 한 약속엔 변명만 구구절절이다. 나는 내가 만만한가? [에휴, 나 역시 소중한 사람이야, 약속 지켜!]

[박진우 작가]의 의견입니다.
잘 '다듬어진' 문장입니다. 또 어구 하나하나에 들인 정성이 눈에 바로 보이는 듯합니다. Hubble님 역시 '가독성'이 살아나고 있는 듯하여 매우 기쁜 마음으로 잘 읽었습니다. 또한 깔끔한 문체에 의미 전달 역시 명확해 편한 마음으로 잘 읽었습니다. 앞으로도 좋은 글 기대하겠습니다.

글로벌SQ아카데미 경주천곡센터 : 네이버 블···

[경주SQ]님이 작성한 글입니다.
그렇게 같이 밥을 먹어도 차를 마셔도 노래를 불러도 투명 인간 취급하더니 왜 하필 시험 기간에 우리집에 와 궁둥이를 딱 붙이고 앉아 있는지. [휴, 눈치 없는 이 코로나를 어쩌냐고.]

[박진우 작가]의 의견입니다.
초반 '긴장감' 유발에 딱 들어맞는 글이었습니다. 또 [비유]와 은유의 쓰임도 적절해 글이 내포한 의미를 파악하는 데에 도움이 됐습니다. 좋은 글 감사합니다. 앞으로도 담백한 글 기대하겠습니다.

[서로이웃 환영]님이 작성한 글입니다.
따사로운 봄 햇살을 품은 산책길이 화사하다. 만개한 벚나무가 절정에 이르렀다. '풍성한'꽃송이가 어쩜, 예쁘기도 하지. [까르르르, 내 앞에 뛰노는 아이들의 웃음도 꽃송이만큼이나 사랑스러워라.]

[박진우 작가]의 의견입니다.
흔한 일상 속 이야기에 사실적 묘사가 적절히 배합된 글이었습니다. 깔끔한 문체에 의미 전달 역시 명확해 편한 마음으로 잘 읽었습니다. 좋은 글 감사합니다.

[같은] 소재, [다른] 표현

■ 당신을 위한 공간, 글쓰기 '서재'입니다.

[수정 전] 습작

_____

_____

_____

_____

_____

_____

[   ]님이 작성한 글입니다.

_____

_____

_____

_____

_____

_____

[박진우 작가]의 의견입니다.

_____

_____

_____

■작가의 의견 듣기 → 블로그 [수필 나들이] 공지 참고

[같은] 소재, [다른] 표현

■ 당신을 위한 공간, 글쓰기 '서재'입니다.

[수정 전] 습작

_____

_____

_____

_____

_____

_____

[   ]님이 작성한 글입니다.

_____

_____

_____

_____

_____

[박진우 작가]의 의견입니다.

_____

_____

_____

■ 작가의 의견 듣기 → 블로그 [수필 나들이] 공지 참고

[같은] 소재, [다른] 표현

■ 당신을 위한 공간, 글쓰기 '서재'입니다.

[수정 전] 습작

_____

_____

_____

_____

_____

_____

[   ]님이 작성한 글입니다.

_____

_____

_____

_____

_____

[박진우 작가]의 의견입니다.

_____

_____

_____

■작가의 의견 듣기 → 블로그 [수필 나들이] 공지 참고

개나 소나 글쓰기

05 구체적 상황 묘사

[글쓰기] 특강
[05] 구체적 상황 묘사

아래 [소재]와 [습작] 그리고 [원문]을 참고하세요.
'감정' 표현이 가미된 구체적 '상황' 묘사 글입니다.

☑ 글쓰기 소재입니다.
◼ 상황 묘사」 방금 받은 휴대폰 문자 메시지
◼ 감정 표현」 떨리는 마음, 긴장, 초조, 불안
　　　　　→ 상황 묘사에 대한 감정 표현

[수정 전] 습작
나는 떨리는 마음에 바보같이 문자함도 열지 못했다.
한 번에 열어 볼 수가 없었다. 꽤 두려웠기 때문이다.

[수정 후] 원문
에휴, 이것 참. 덜 떨어진 놈처럼 별짓을 다하고 있다.
평소대로 문자를 열어 한 번에 확인해 보면 끝일 것을,
마치 숨죽여 화투 패를 쪼듯 두 손가락으로 가려가며
첫 글자가 무엇일지 노심초사에 바보짓까지 하고 있다.

[출처] 배부른 소리하고 자빠졌네
드라마 수필 / 박진우 작가

[같은] 소재, [다른] 표현

■ 글쓰기 참여 작품, blog「수필 나들이」

[날아라 몽자]님이 작성한 글입니다.
어젯밤 나의 군인정신은 온데간데없고 총 뺏긴 군인 꼴이 따로 없군. 미친 듯이 쿵쾅대는 심장 소리, 재깍 재깍 시계 초침만 방 안의 적막을 깰 뿐이다.

내가 어제 뭘 잘못 먹은 게 틀림없지. 미쳤다, 미쳤어. 내 머리카락과 손가락들이 사투를 벌이는 바로 그때, '지이잉' 지금까지 수십 번이나 열고 닫던 문자함인데 알림 소리에 심장 떨어질까 미리 바꿔 둔 진동 소리.

'No'라는 답이면 어쩌지? 이내 난 더 이상 문자함을 열어 볼 수가 없었다.

[박진우 작가]의 의견입니다.
초반 긴장감 가득한 상황 묘사 글이었습니다. '심장', '재깍재깍'이 표현만으로도 다음 이야기 전개가 꽤 궁금해지는 글이었습니다. 감정 표현이 한껏 가미된 상황 묘사 글 잘 읽었습니다. 앞으로도 좋은 글 기대 하겠습니다.

[책 좋아하는 마미]님이 작성한 글입니다.
'드르륵' 문자 메시지가 도착했다. 불안한 마음 때문일까 '바들바들' 손의 미세한 떨림, 다시 거절당할까 두려움이 앞선다.

이게 뭐라고 구구절절한 마음, 문자가 온 것 자체가 원망스럽다. 일어나지 않은 일이었다면 좋았을 것을.

[박진우 작가]의 의견입니다.
소재 파악을 참 잘 하셨습니다. 약간의 비유(은유)를 가미시켜 보시면 더 맛깔난 문장이 될 듯합니다. 또 상황 묘사 후 감정 표현에 있어 '드르륵', 의성어 및 '바들바들', 의태어 사용도 매우 적절해 보입니다.

[서로이웃 환영]님이 작성한 글입니다.
지진 같은 핸드폰 진동 소리에 놀란 나머지 '심장'이 마비돼 요절이라도 하는 건 아닐까? 나 살자고 소리 죽여 놓은 폰을 옆에 끼고 애꿎은 곁눈질만 1시간째,

새까맣던 화면이 밝아지다 꺼지는 순간, 시간이 정지되고 숨이 멎는다. 하얗게 질린 손끝이 떨려 온다.

[박진우 작가]의 의견입니다.

지난 번 보내 주신 글과 마찬가지로 깔끔히 정리된 문장이 돋보입니다. 또 의미 전달도 명확해 '가독성' 역시 두말할 나위 없이 좋았습니다. 앞으로도 좋은 글 기대하겠습니다.

[여여]님이 작성한 글입니다.

문자가 왔다. 순식간 핸드폰을 집어 들었지만 심장이 덜컹거리는 탓에 손가락이 떨려 온다. '시계'만 쳐다 보며 눈이 빠져라 기다렸건만 이젠 정작 문자를 열어 볼 엄두가 나질 않는다.

'아슬아슬' 매달려 있는 내 꿈이 무참히 내던져질 게 무섭고 두렵기 때문이다.

[박진우 작가]의 의견입니다.

꽤 담백한 문장입니다. 의미 전달도 명확해 가독성이 돋보이는 글이었습니다. 또 '시계', 이 표현만으로도 다음 이야기 전개가 궁금해지는 글이었습니다.

[굴러가유]님이 작성한 글입니다.
경쾌한 문자 알림 소리가 방 안의 '정적'을 깨뜨렸다.
룸메이트는 잔뜩 기대한 눈빛으로 물었다. 그렇지만
선뜻 휴대폰에 손이 가질 않는다. 가슴 뛰는 소리가
귓가에 맴돈다.

힘겹게 걱정을 하고 메시지를 확인하는 순간, '심장'
소리는 마치 정수리를 뚫고 나가는 듯했다. "저기요,
저녁 약속은 다음으로 미룰게요. 정말 죄송합니다."

[박진우 작가]의 의견입니다.
감정 표현이 담긴 상황 묘사 글을 깔끔하게 마무리해
주셨네요. 다만 비유(은유)적 표현을 조금 더 추가해
글을 써 보시면 어떨까 하는 '약간의' 아쉬움이 남는
문장이었습니다.

[하코쌤]님이 작성한 글입니다.
'띵동' 문자가 왔음을 알린다. 순간 영수는 누가 보낸
문자인지 직감할 수 있었다. 휴대폰으로 향하는 영수
손이 미세하게 떨리고 있었다. 갑자기 심장이 멈추기
라도 한 듯 그의 손이 바닥으로 떨어졌다.

이미 알고 있었을까, 영수의 눈빛이 젖어들고 있었다.

[박진우 작가]의 의견입니다.

글쓰기에 대한 열정이 참 많으신 분이라 여겨집니다. 하루에 한 가지씩만 점검해 보시면, 조만간 '가독성' 있는 글로 뵐 수 있으리라 믿습니다. 또 상황 묘사 후 감정 표현에 있어 '손이 바닥으로 떨어졌다'라는 어구 사용 역시 매우 적절해 보입니다.

[HUBBLE]님이 작성한 글입니다.

핸드폰을 습관처럼 손에 쥐고 포털에 들어가 세상의 이슈를 훑어보고 있다. 순간 핸드폰 상단에 나타났다 사라진 배너 속에서 오래 전 연락이 끊긴 친구 이름, 이내 볼 엄두가 나질 않는다.

안부 연락일까? 사과일까? 아님 왜 연락을 끊었는지 그에 대한 질문일까? 오래 전 친하게 지냈던 기억이 스쳐 지나가며 내 마음을 더욱 혼란스럽게 한다.

[박진우 작가]의 의견입니다.

특강 소재 중 '초조, 불안' 등의 긴장감이 소극적으로 묘사돼 조금 아쉬운 문장이었습니다. 또한 '손에쥐고', '오래전' 등 띄어쓰기 역시 다소 불편해 보이는 문장 이었습니다. 앞으로도 좋은 글 기대하겠습니다. 감사합니다.

글로벌SQ아카데미 경주현곡센터 : 네이버 블…

[경주SQ]님이 작성한 글입니다.

'띵동', 문자다. 진짜로 와 버렸다. 차라리 안 왔으면 좋았을까, 나대는 심장은 2002 월드컵을 방불케 한다. 이게 뭐라고 손가락은 천근만근 무겁기만 하다. 에라, 바보 같은 놈, 눈도 차마 못 뜨고 작디작은 핸드폰이 무서워 쪼그린 자세하고는.

[박진우 작가]의 의견입니다.

'꾸밈'없는 솔직 담백한 상황 묘사 글 잘 읽었습니다. 다만 비유나 은유적 표현을 조금 더 가미해 글을 써 보시면 어떨까 하는 아쉬움이 남는 문장이었습니다.

[같은] 소재, [다른] 표현

[수정 전] 습작

_____

_____

_____

_____

_____

_____

[   ]님이 작성한 글입니다.

_____

_____

_____

_____

_____

[박진우 작가]의 의견입니다.

_____

_____

_____

■작가의 의견 듣기 → 블로그 [수필 나들이] 공지 참고

[같은] 소재, [다른] 표현

■ 당신을 위한 공간, 글쓰기 '서재'입니다.

[수정 전] 습작

_____

_____

_____

_____

_____

_____

[   ]님이 작성한 글입니다.

_____

_____

_____

_____

_____

_____

[박진우 작가]의 의견입니다.

_____

_____

_____

■ 작가의 의견 듣기 → 블로그 [수필 나들이] 공지 참고

[같은] 소재, [다른] 표현

■ 당신을 위한 공간, 글쓰기 '서재'입니다.

[수정 전] 습작

_____

_____

_____

_____

_____

[   ]님이 작성한 글입니다.

_____

_____

_____

_____

_____

[박진우 작가]의 의견입니다.

_____

_____

_____

■작가의 의견 듣기 → 블로그 [수필 나들이] 공지 참고

개나 소나 글쓰기

06 구체적 상황 묘사

[글쓰기] 특강
[06] 구체적 상황 묘사

아래 [소재]와 [습작] 그리고 [원문]을 참고하세요.
'감정' 표현이 가미된 구체적 '상황' 묘사 글입니다.

☑ 글쓰기 소재입니다.
■ 상황 묘사」 어린 시절 구멍가게 털이, 도주
■ 감정 표현」 떨리는 마음, 긴장, 초조, 불안
→ 상황 묘사에 대한 감정 표현

[수정 전] 습작
점방 할머니는 잘 모르는 눈치였다. 우리는 도망쳤다.
시야가 열린 큰 도로는 피했다. 우리 모습을 감춰야
했기 때문이다. 무작정 한참을 달리니 숨이 차올랐다.

[수정 후] 원문
점방 할머니는 우리가 뭘 훔쳤는지 잘 모르는 눈치다.
우린 행여 들킬세라 황급히 자리를 떠 무작정 뛰었다.
시야가 확 트인 도로는 금물이었다. 다급히 도망치듯
걷는 모습을 감춰야 했기 때문이다. 그렇게 하길 한참,
가쁜 숨이 턱밑까지 차올랐다. 입천장까지 바짝 말라
목구멍 끝이 따끔거렸다.

[출처] 배부른 소리하고 자빠졌네
드라마 수필 / 박진우 작가

[같은] 소재, [다른] 표현
■ 글쓰기 참여 작품, blog「수필 나들이」

[아이쿠]님이 작성한 글입니다.
4~5학년으로 보이는 남자 아이가 필사적으로 달리고 아니, 도망치고 있었고 그 뒤론 한 아저씨의 안경이 사정없이 흔들리고 '바람'에 머리가 넘어가 대머리인 채로 전력 질주로 뒤따라오고 있었다.

"야, 거기 서!" 이 한마디 말만으로도 아이가 물건을 훔쳐 급히 달아나고 있음을 짐작할 수 있었다.

[박진우 작가]의 의견입니다.
'4학년~ 있었다.' 이 부분은 총 4가지 어구로 구성된 문장입니다. 다만 [~하고 ~하고 ~하고 ~한다] 이처럼 동일 어구의 반복으로 인해 문장이 늘어져 가독성이 떨어져 보입니다. 또한 '상황' 묘사 후 [감정 표현]이 동반되지 않아 다소 아쉬운 문장이었습니다. 앞으로도 진정성 있는 글 기대하겠습니다.

[조한분Dream]님이 작성한 글입니다.
한낮 땡볕의 한적한 달동네가 발칵 뒤집혔다. "거기, 거기 서!" 맨발로 뒤를 쫓는 점방집 아저씨는 낮술이 덜 깬 채 낯빛이 벌겋다.

양손에 과자를 쥔 채로 도망치는 10살 여자 아이는 그을린 얼굴이 윤이 나게 새까맣다. 목까지 숨이 찬 아이는 입에 단내가 나자 도망치기를 멈췄다.

[박진우 작가]의 의견입니다.
담백한 글 보내 주셔서 감사합니다. '긴장감' 유발에 도움이 될 만한 [모티브]나 비유적 표현을 가미시켜 보시면 한층 맛깔난 문장이 될 듯합니다.

[경주SQ]님이 작성한 글입니다.
어린 녀석들이 겁도 없이 점방 안에서 '시선'이 분주하다. 여기저기 둘러 보며 고르는 척, 그러나 목표는 한가지. 점방 할머니는 눈치채진 못했지만 아직 안심하긴 금물이다.

점방을 나서자 바로 좁은 '골목'으로 향했다. 그리곤 냅다 한참을 뛰었다. 숨이 끊어질 듯 가슴을 찌르고 차오르는 가래를 내뱉으며 헉헉거린다.

[박진우 작가]의 의견입니다.

과도한 표현 없이 상황 묘사를 담백하게 해 주셨네요. '긴장감' 역시 글에 적절히 녹아 있어 다음 이야기가 무엇일지 궁금해지는 글이었습니다. 앞으로 담백하고 긴장감 넘치는 글 기대하겠습니다.

[서로이웃 환영]님이 작성한 글입니다.

어릴 적 심부름으로 산 담배 한 갑을 무심하게 건네받으며 난 다른 한 손으로 받지도 않은 거스름 돈을 한 움큼 움켜쥐었다.

곧 '쿵쾅쿵쾅', 끓어오르는 듯한 내 심장을 부여잡고 얼마나 달렸을까. 보이지 않는 가게, 골목 모퉁이에서 참았던 숨이 탁 터진다.

[박진우 작가]의 의견입니다.

상황 묘사의 기본, '긴장감' 유발에 있어 문맥이 살아 있으니 조금만 다듬어 보시면(문장을 매끄럽게) 한층 더 맛깔난 문장이 될 듯합니다.

[책 좋아하는 마미]님이 작성한 글입니다.

어릴 적 난 구멍가게에 자주 드나들곤 했다. 가끔 난 슬쩍 물건을 훔쳤다. 사탕이나 젤리처럼 작은 것이라 들키지는 않았고 그것이 습관이 돼 굳어졌다. 그러던 어느 날 참 운도 없지, 가게 할머니에게 들통이 나 곧 달리기 시작했다. 숨 쉴 틈 없이 미친 듯 달린 것이다.

[박진우 작가]의 의견입니다.

어릴 적 기억과 추억을 꾸밈없이 잘 묘사하셨습니다. 아울러 긴장감 유발에 도움이 될 만한 비유나 은유적 표현을 가미시켜 보시면 더욱 긴장감 넘치는 글이 될 듯합니다. 좋은 글 감사합니다. 앞으로도 '담백한' 글 기대하겠습니다.

[HUBBLE]님이 작성한 글입니다.

산책 중 마주한 오래된 동네 슈퍼마켓, 난 어린 시절 기억이 스쳐 지나갔다. 할머니 눈을 피해 사탕 봉지 하나를 꼭 쥐어 주머니에 숨겼다. 두근대는 '심장'을 부여잡고 자연스레 가게 문을 나서는 순간, '바스락', 소리와 함께 할머니와 눈이 마주치자 이내 앞만 보며 달렸다.

인적 드문 골목길, 그제서야 가쁜 '숨'을 몰아쉬었다.

[박진우 작가]의 의견입니다.
상황 묘사의 기본, 긴장감 유발에 있어 '심장', '바스락',
그리고 '가쁜 숨'이라는 표현을 적절히 배합해 맛깔난
문장이 완성 된 듯합니다. 다소 부자연스러워 보이는
부분만 조금 다듬어 보시면 좋을 듯합니다.

[날아라 몽자]님이 작성한 글입니다.
점방 할머니가 나를 불러 세운다. 잠시 뒷간을 다녀
올테니 점방을 봐 달란다. 잠시 후 난 할머니를 보자
마자 인사를 하는 둥 마는 둥 그대로 뛰기 시작했다.
손에는 며칠 전부터 갖고 싶었던 '보석' 사탕 반지를
꽉 쥔 채로 말이다.

얼마나 달렸을까, 눈가엔 마른 눈물 자국만 남아 있다.
난 거친 숨을 몰아쉬며 쿵쾅대는 심장을 부여잡았다.

[박진우 작가]의 의견입니다.
적당한 '비유'와 깔끔한 문장 처리가 한데 잘 어울린
가독성 좋은 글입니다. '글'에 대한 몽자님의 열정에
매번 감탄할 뿐입니다.

[같은] 소재, [다른] 표현

■ 당신을 위한 공간, 글쓰기 '서재'입니다.

[수정 전] 습작

_____

_____

_____

_____

_____

_____

[   ]님이 작성한 글입니다.

_____

_____

_____

_____

_____

[박진우 작가]의 의견입니다.

_____

_____

_____

■작가의 의견 듣기 → 블로그 [수필 나들이] 공지 참고

[같은] 소재, [다른] 표현

■ 당신을 위한 공간, 글쓰기 '서재'입니다.

[수정 전] 습작

_____

_____

_____

_____

_____

_____

[   ]님이 작성한 글입니다.

_____

_____

_____

_____

_____

[박진우 작가]의 의견입니다.

_____

_____

_____

■ 작가의 의견 듣기 → 블로그 [수필 나들이] 공지 참고

개나 소나 글쓰기

07 구체적 상황 묘사

[글쓰기] 특강
[07] 구체적 상황 묘사

아래 [소재]와 [습작] 그리고 [원문]을 참고하세요.
'감정' 표현이 가미된 구체적 '상황' 묘사 글입니다.

☑ 글쓰기 소재입니다.
■ 상황 묘사」 장마철, 장대비, 비 맞은 생쥐 꼴
■ 감정 표현」 당황, 어쩔 줄 모름, 마음을 비움
→ 상황 묘사에 대한 감정 표현

[수정 전] 습작
갑자기 비가 많이 쏟아진다. 내내 조금씩 내리던 비가
소나기가 됐다. 우산도 소용이 없다. 이내 바짓자락도
젖고 신발도 젖고 참으로 난감하다.

[수정 후] 원문
아, 이런. 드디어 폭우가 아니, 하늘이 '뚫렸나' 보다.
가랑비의 살랑임은 온데간데없고 그저 물 '폭탄'이다.
이내 큰 우산으로 몸 곳곳을 가려 본 들 무용지물이다.
마치 작은 손바닥으로 대홍수를 막는 격이니 말이다.
흠뻑 젖은 바짓자락, 신발엔 홍수가 난 지 꽤 오래다.
휴, 걸을 때마다 둑이 범람하듯 뽁뽁 소리가 요란하다.

[출처] 배부른 소리하고 자빠졌네
드라마 수필 / 박진우 작가

[같은] 소재, [다른] 표현
■ 글쓰기 참여 작품, blog 「수필 나들이」

[날아라 몽자]님이 작성한 글입니다.
이미 비에 젖어 몸은 생쥐 꼴인데 더럽게 운도 없지. '촤아아악', 지나가는 차까지 온몸 샤워에 물 폭탄을 뿌려 준다.

손에 쥔 우산, 뭐 이젠 내가 우산인지 누가 우산인지 당최 알 도리가 없다. 이젠 '눈' 뜨기가 버거울 만큼 거세게 내리 붓는 탓에 어느 하나 안 젖은 곳이 없다.

설상가상, 이젠 신발까지 말썽이다. 배터지게 물먹은 신발은 그저 살려 달라며 투정이다. 이미 걸레가 된 밑창은 성질이라도 났는지 걸을 때마다 딱딱 소리쳐 대기만 한다.

[박진우 작가]의 의견입니다.
'일취월장'이란 말은 이럴 때 쓰는 것이겠죠? 하루가 다르게 가독성 있는 글을 써 주시니 보람을 느낍니다. 딱히 드릴 말씀이 없습니다. 바로 '지금처럼만'입니다. 앞으로도 좋은 글 기대하겠습니다.

[서로이웃 환영]님이 작성한 글입니다.

우레와 같은 물 폭탄 소리에 심장은 번개를 맞은 듯 '쿵쾅'대기 시작한다. 거센 빗줄기는 주룩주룩 무서운 기세로 바닥에 내리 꽂힌다.

비장한 마음으로 커다란 우산을 펼쳤다. 몸을 웅크린 채 '걸음아 나 살려라' 하며 곳곳의 물웅덩이를 분주하게 피해 보지만 바닥에서 튕겨오는 작은 총알들이 신발을 향해 사정없이 날아든다.

[박진우 작가]의 의견입니다.

소재에 걸맞는 멋진 구체적 상황 묘사 글이었습니다. 깔끔한 문장에 '가독성'까지 한층 향상된 모습입니다. 또한 '바닥에서 튕겨오는 작은 총알들'에서 총알이란 표현은 혀를 내두를 정도였습니다.

[책 좋아하는 마미]님이 작성한 글입니다.

에휴, 장마철이라서 그런지 비가 억수 같이 쏟아진다. 주르륵주르륵도 아니고 '촤악촤악', 바닥을 내리치는 소리가 귀에 거슬릴 정도라고 해야 할지.

이대로 전력 질주 한다면 과연 집까지 얼마나 걸릴지.
이내 조금은 빠른 걸음걸이가 된다. 곧 양말에 물이
고였다. 꿉꿉한 느낌을 이끌고 집으로 향한다.

[박진우 작가]의 의견입니다.
[비유]나 [은유]적 표현을 조금 더 가미시켜 보시면
좋을 듯합니다. 그리고 '불필요한' 문장 부호는 삼가
하시는 편이 좋겠습니다. [~이라서 그런지, 비가 ~]
상황 묘사에 있어 '좍악좍악'이란 의성어 사용은 꽤
좋아 보입니다. 항상 응원하겠습니다.

[HUBBLE]님이 작성한 글입니다.
공기가 바짝 습해지더니 하늘이 회색빛으로 뒤덮였다.
잠시 후 투둑투둑 떨어지던 물방울은 물 폭탄이 되어
천둥과 함께 요란하게 존재감을 과시한다. 휴, 언제쯤
이 장마가 끝날까? 한편으론 '얼룩진' 마음까지 씻어
주는 이 빗소리가 나쁘지만은 않다.

[박진우 작가]의 의견입니다.
폭우 속 자신의 감정을 '빗소리'에 투영시켜 고급스런
문장을 만들어 주셨네요. '투둑투둑'이란 의성어 역시
적절히 잘 사용하셨습니다. 앞으로도 [군더더기] 없는
담백한 글 기대하겠습니다.

[조한분Dream]님이 작성한 글입니다.
드디어 하늘이 열렸다. 이내 꿉꿉한 몸을 씻어 내자며
내 손을 낚아채 마당으로 끌고 나가는 남편의 표정은
이미 개구쟁이 표정이다.

초록 옥상에 퍼붓는 장대비는 순식간에 옥색 연못을
만들어 냈다. 그 안에 발을 담고 세상 '천진난만'하게
뛰어노는 남편의 하얀 운동화가 흙탕물로 뒤범벅이다.

[박진우 작가]의 의견입니다.
지난 참여 글보다 주어와 문장 부호의 쓰임이 적절해
읽기에 편했습니다. 다만 제시해 드린 3가지 소재를
기반으로 한 구체적 상황 묘사가 본 특강의 주제라는
점에서 보내 주신 글은 소재와 관련한 '일상'에 대한
묘사로 보여 다소 아쉬움이 남는 글이었습니다.

[23호 털보네 횟집]님이 작성한 글입니다.
드디어 날벼락이 떨어졌다. 물 '폭탄'인 듯 장대비가
쏟아지다 못해 들이붓는다. 또한 신작로 물웅덩이는
종일 내린 폭우 탓에 물바다가 된 지 이미 오래다.

어디가 '길'인지 또 어디가 웅덩인지 알 도리가 없다. 어떻게 십 리 길을 걷고 또 헤맸는지 기억조차 가물가물하다. 호롱불 속 우린 물에 빠진 생쥐 꼴로 웃음 짓는다.

[박진우 작가]의 의견입니다.
깔끔하고 담백한 문장입니다. 또 의미 전달도 명확해 제법 가독성 있는 문장이라 판단됩니다. 아주 조금만 다듬어 보시면 더욱 매끄럽고 자연스런 문장이 될 듯합니다. 앞으로도 좋은 글 기대하겠습니다.

[같은] 소재, [다른] 표현

■ 당신을 위한 공간, 글쓰기 '서재'입니다.

[수정 전] 습작

_____

_____

_____

_____

_____

_____

[   ]님이 작성한 글입니다.

_____

_____

_____

_____

_____

[박진우 작가]의 의견입니다.

_____

_____

_____

■ 작가의 의견 듣기 → 블로그 [수필 나들이] 공지 참고

[같은] 소재, [다른] 표현

■ 당신을 위한 공간, 글쓰기 '서재'입니다.

[수정 전] 습작

_____
_____
_____
_____
_____

[   ]님이 작성한 글입니다.

_____
_____
_____
_____
_____

[박진우 작가]의 의견입니다.

_____
_____
_____

■ 작가의 의견 듣기 → 블로그 [수필 나들이] 공지 참고

개나 소나 글쓰기

08 개인적 견해와 구체적 이유

[글쓰기] 특강
[08] 개인적 견해와 구체적 이유

아래 [소재]와 [습작] 그리고 [원문]을 참고하세요.
개인적 견해 후 구체적 이유가 이어지는 글입니다.

☑ 글쓰기 소재입니다.
■ 개인적 견해」 나는 ○○보다 ○가 더 좋다.
■ 구체적 이유」 ~ 때문이다 / ~이니 말이다
→ 개인적 견해에 대한 구체적 이유

[수정 전] 습작
난 고속도로보다 국도가 더 좋다. 새벽엔 차가 막히지
않기 때문이다. 또 고속도로보다 국도가 직선거리이다.

[수정 후] 원문
국도를 탔다. 이때만큼은 고속이 싫어서다. 그렇다고
고속도로보다 시간상 그리 늦는 것도 아니다. 새벽녘
국도엔 '정지등'(빨간불)이 거의 없으니 말이다. 원을
그리듯 둘러가는 고속도로가 시속 100km라면 국도는
시속 80km, 다만 직선거리라 더 매력적이다.

[출처] 배부른 소리하고 자빠졌네
드라마 수필 / 박진우 작가

[같은] 소재, [다른] 표현
■ 글쓰기 참여 작품, blog「수필 나들이」

[M] 하우스 & 문 : 네이버 블로그

[날아라 몽자]님이 작성한 글입니다.
난 디지털 속도만큼이나 '쉽게' 잊혀지는 전자책보다
아날로그 감성이 담긴 종이책이 더 좋다. 은은한 조명
아래 구석에 놓인 나만의 공간 그리고 위로가 필요한
날, 그때면 책장 속 오래된 책들이 나를 위로해 주기
때문이다.

[박진우 작가]의 의견입니다.
서정적이면서도 담백함이 묻어나는 글이었습니다. 또
비유나 은유적 표현 없이 보이는 글 자체로 선명함이
돋보이는 글이었습니다. 앞으로도 응원하겠습니다.

글로벌SQ아카데미 경주현곡센터 : 네이버 블···

[경주SQ]님이 작성한 글입니다.
난 건조기보다 자연 건조기가 더 좋다. 나는 대장처럼
이놈(빨랫감)들의 어깨며 허리를 '휘어잡고' 걷어낸다.
또한 강렬한 햇볕이라는 추가 기능을 빼놓을 순 없다.

낮에 먹다 튄 떡볶이 국물을 흔적 없이 날려 버리니 말이다.

[박진우 작가]의 의견입니다.
[개인적 견해 후 구체적 이유]라는 이번 특강 소재를 잘 살려 내셨습니다. 또 일상 속 허드렛일로 보일 수 있는 빨래 널기라는 소재에 여러 양념을 가미시켜 꽤 맛깔난 문장을 만들어 주셨습니다. 앞으로도 깔끔하고 담백한 글 기대하겠습니다.

[책 좋아하는 마미]님이 작성한 글입니다.
나는 사람 많은 광장보다 인적 드문 공원이 더 좋다. 시끌시끌한 곳에서 있을 때면 내 정신마저 그렇게 돼 정신이 집중이 안 되기 때문이다. 자연에서의 진정한 힐링은 조용한 공원 안에서이기 때문이다.

[박진우 작가]의 의견입니다.
날이 갈수록 글의 의도와 문맥이 명확해져(깔끔해져) 가독성 역시 좋아지고 있는 듯합니다. 비유나 은유적 표현을 조금 더 가미시켜 보시면 어떨까 하는 약간의 아쉬움만 남을 뿐 딱히 드릴만 한 팁이 없을 정도로 잘 '정돈된' 문장이었습니다. 아무쪼록 앞으로도 좋은 글 기대하겠습니다.

[매일현]님이 작성한 글입니다.

나는 북적한 밤보다 잠잠한 밤이 더 좋다. 새벽 시간 공부를 할 때면 어두컴컴한 숲에서 홀로 마지막까지 생존한 기분이다. '밤하늘의 별과 달은' 고생한 내게 보여지는 축하의 선물과도 같다.

[박진우 작가]의 의견입니다.

'밤하늘, 별 그리고 달'이라는 사물에 자신의 감정을 투영시켜 서정적이면서도 '담백한' 글을 써 주셨네요.
○잠잠한 밤을 강조하기 위해 [북적한] → [북적대는]
○성취감을 강조하기 위해 [생존한] → [생존해낸 ~]
○축하 선물을 강조하기 위해 [보여지는] → [건네진]
이와 같은 표현으로 조금만 다듬어 보시면 더 맛깔난 글이 될 듯합니다. 아무쪼록 앞으로도 '꾸밈없는' 글 기대하겠습니다.

[민트아슈]님이 작성한 글입니다.

난 산보다 바다가 더 좋다. 잔잔하기도 때론 거칠기도 부드럽기도 한 다양한 모습으로 매일 봐도 늘 새롭다. 바다의 그 역동적 모습에 살아있음을 느끼니 말이다.

[박진우 작가]의 의견입니다.

깔끔하면서도 때묻지 않은 문체로 글을 써 주셨네요. 반가움을 강조하기 위해 [모습으로]를 [모습에]로, 또 새로움을 강조하기 위해 [역동적]을 [변화무쌍한]으로, 이와 같은 표현으로 조금만 다듬어 보시면 더 맛깔난 글이 될 듯합니다. 앞으로도 좋은 글 기대하겠습니다.

[겨자씨의 꿈 학원]님이 작성한 글입니다.

나는 고기보다 회가 좋다. 나와 같은 '눈높이'를 가진 동물보다 내 눈높이의 아래에 있는 물고기에게 다소 죄책감이 덜하기 때문이다. 또 사람과 같은 하늘 아닌 같은 땅을 밟고 사는 동물이니 말이다.

[박진우 작가]의 의견입니다.

개인적 견해와 그에 따른 명확한 '이유'가 잘 드러난 글이었습니다. 단 [나와 같은], [눈높이를 가진], [내 눈높이의], [아래에 있는] 그리고 [사람과 같은]처럼 수식 어구의 반복으로 읽기가 불편해 가독성이 다소 떨어져 보이는 글이었습니다.

[HUBBLE]님이 작성한 글입니다.

나는 전화보다 문자가 더 좋다. 서로 간 대화를 주고 받을 때 내 의도와는 다르게 말이 나올 때가 꽤 있다. 문자로 대화를 하면 서로의 입장을 조금 더 생각하고 내 생각도 정리할 수 있기 때문이다.

[박진우 작가]의 의견입니다.

허블님 역시 날이 갈수록 문체 하나하나에 간결함이 더해지는 듯합니다. 약간의 '은유'와 비유를 가미시켜 글을 써 보시면 더 리듬감 있는 글이 될 듯합니다.

blackmirea님의블로그 : 네이버 블로그

[blackmirea]님이 작성한 글입니다.

나는 입보다 '손'이 더 좋다. 백 마디 천 마디 말보다 때로는 한 번의 손길이 마음을 더 따뜻하게 해 주기 때문이다.

[박진우 작가]의 의견입니다.

간결한 문체, 참 보기 좋습니다. 또한 글의 의도 역시 '명확해' 문장이 내포한 의미를 쉽게 헤아릴 수 있어 읽기에 편했습니다. 담백한 글 감사합니다.

[같은] 소재, [다른] 표현

■ 당신을 위한 공간, 글쓰기 '서재'입니다.

[수정 전] 습작

_____

_____

_____

_____

_____

_____

[   ]님이 작성한 글입니다.

_____

_____

_____

_____

_____

_____

[박진우 작가]의 의견입니다.

_____

_____

_____

■ 작가의 의견 듣기 → 블로그 [수필 나들이] 공지 참고

[같은] 소재, [다른] 표현

■ 당신을 위한 공간, 글쓰기 '서재'입니다.

[수정 전] 습작

_____

_____

_____

_____

_____

_____

[   ]님이 작성한 글입니다.

_____

_____

_____

_____

_____

[박진우 작가]의 의견입니다.

_____

_____

_____

■ 작가의 의견 듣기 → 블로그 [수필 나들이] 공지 참고

개나 소나 글쓰기

습작과 원문 사이 ①

[글쓰기] 특강
■ 습작과 원문 사이 ①

아래 [소재]와 [습작] 그리고 [원문]을 참고하세요.
'감정' 표현이 가미된 구체적 '상황' 묘사 글입니다.

☑ 글쓰기 소재입니다.
■ 상황 묘사」 당기시오 일색, 양손 가득 짐
■ 감정 표현」 귀찮음, 짜증, 난감함, 버거움
→ 상황 묘사에 대한 감정 표현

[수정 전] 습작
나는 힘껏 당겼다. 그렇게 또 한 고비를 넘기고 나니
이번 문도 역시 당기시오였다. 그런데 또 문손잡이가
문제였다. 굵기가 대단히 굵었기 때문이다.

[수정 후] 원문
이내 난 힘껏 당겨 열어 가까스로 한 고비를 넘겼다.
하지만 또 다른 문이 나를 막아선다. 역시나 당시시오.
"휴, 정말 지겹다 이젠. 은행이고 뭐고 집이나 갈란다."
곧 다시 한 번 도전, 그런데 이번엔 손잡이가 문제다.
옛 나무 지팡이 마냥 손잡이 굵기가 대단하니 말이다.
아무리 애써 본들 손가락 하나로 당기기엔 두께가 영.

[출처] 배부른 소리하고 자빠졌네
드라마 수필 / 박진우 작가

[같은] 소재, [다른] 표현

■ 당신을 위한 공간, 글쓰기 '서재'입니다.

[수정 전] 습작

_____

_____

_____

_____

_____

_____

[   ]님이 작성한 글입니다.

_____

_____

_____

_____

_____

_____

[박진우 작가]의 의견입니다.

_____

_____

_____

■ 작가의 의견 듣기 → 블로그 [수필 나들이] 공지 참고

개나 소나 글쓰기

습작과 원문 사이 ②

[글쓰기] 특강
■ 습작과 원문 사이 ②

아래 [소재]와 [습작] 그리고 [원문]을 참고하세요.
'감정' 표현이 가미된 구체적 '상황' 묘사 글입니다.

☑ 글쓰기 소재입니다.
■ 상황 묘사」 주행 중 [고장], 타인의 도움
■ 감정 표현」 고마움, 한시름 놓음, 미안함
→ 상황 묘사에 대한 감정 표현

[수정 전] 습작
그 기사님의 기술은 최고였다. 여러 도구들도 준비돼
있어 편했다. 그런데 '문제'가 생겼다. 기사님의 손과
발은 기름 범벅이었고 옷은 흥건히 젖어 있었다.

[수정 후] 원문
아니나 다를까 그 기사님은 지상 최고의 맥가이버였다.
각종 도구들 역시 우릴 기다렸다는 듯 준비돼 있었다.
밧줄부터 케이블 타이까지 정말 모든 게 일사천리였다.
아, 그런데 이를 어쩐다. 큰 문제 하나가 생겨버렸다.
우릴 위해 몸을 던진 바로 기사님의 '몰골'이 말이다.
양손 가득 기름때에 흥건히 젖은 작업복이라니, 이런.

[출처] 배부른 소리하고 자빠졌네
드라마 수필 / 박진우 작가

[같은] 소재, [다른] 표현

■ 당신을 위한 공간, 글쓰기 '서재'입니다.

[수정 전] 습작

[   ]님이 작성한 글입니다.

[박진우 작가]의 의견입니다.

■ 작가의 의견 듣기 → 블로그 [수필 나들이] 공지 참고

개나 소나 글쓰기

습작과 원문 사이 ③

[글쓰기] 특강
■ 습작과 원문 사이 ③

아래 [소재]와 [습작] 그리고 [원문]을 참고하세요.
'감정' 표현이 가미된 구체적 '상황' 묘사 글입니다.

☑ 글쓰기 소재입니다.
■ 상황 묘사」 추억의 공간, 그 누군가의 정
■ 감정 표현」 고마움, 따사로움, 서로 간 정
　　　　→ 상황 묘사에 대한 감정 표현

[수정 전] 습작
난 사고만 치면 점방 할머니에게 달려갔다. 늘 언제나
여기저기 다니며 사고를 치고 다녔기 때문이다. 그때
그 대피소는 할머니의 품이었다.

[수정 후] 원문
할머니의 꼬막 점방은 내게 임시 대피소이기도 했다.
난 말 그대로 사고뭉치에 바람 잘 날을 주지 않았다.
친구들 놀이엔 훼방질을, 잘 쌓아올린 연탄재 더미엔
발길질은 물론 무너뜨리기까지 하고 다녔으니 말이다.
그렇게 난 사고라도 칠 때면 말 그대로 '직진'이었다.
바로 그곳, 점방 할머니의 품으로 말이다.

[출처] 배부른 소리하고 자빠졌네
드라마 수필 / 박진우 작가

[같은] 소재, [다른] 표현

■ 당신을 위한 공간, 글쓰기 '서재'입니다.

[수정 전] 습작

_____

_____

_____

_____

_____

_____

[   ]님이 작성한 글입니다.

_____

_____

_____

_____

_____

[박진우 작가]의 의견입니다.

_____

_____

_____

■ 작가의 의견 듣기 → 블로그 [수필 나들이] 공지 참고

개나 소나 글쓰기

맞춤법 나들이 ①

[글쓰기] 특강
■ 맞춤법 나들이 ①

[발췌] 드라마 수필」 배부른 소리하고 자빠졌네

타임머신을 타고 어린 시절 받아쓰기 여행을 떠나 볼까 합니다. 글쓰기의 [기본]은 '국어' 사랑에서 비롯됩니다.

[01]
● 어제부터 난 그녀가 괜실히 미워지기 시작했다.
● 수정) _____

[02]
● 하지만 뻔한 거짓말이자 내 마음 속 '뎜'이었다.
● 수정) _____

[03]
● 아이들은 여기 저기 뛰어놀다 결국 녹초가 됐다.
● 수정) _____

[04]
● 낚시꾼들은 잠 한숨 못잔 채 먼 바다로 나갔다.
● 수정) _____

■ 10점 만점입니다. 국어 사랑, 글쓰기의 기본입니다.

[05]
● 그녀를 떠나보낸 후 이내 가슴 한켠이 아려왔다.
● 수정) _____

[06]
● 수학 시간에 학생들은 꿈벅꿈벅 졸기 시작했다.
● 수정) _____

[07]
● 철수야, 오늘 날씨도 더운데 맥주 한 잔 할까?
● 수정) _____

[08]
● 그는 종이컵에 물 한잔을 따라 마신 후 떠났다.
● 수정) _____

[09]
● 모임 후 그들은 다음 날을 기약한 채 헤어졌다.
● 수정) _____

[10]
● 그해 12월 30일 다음날은 새해 1월 1일이었다.
● 수정) _____

[정답]

● 어제부터 난 그녀가 괜실히 미워지기 시작했다.
괜실히 → 괜스레

● 하지만 뻔한 거짓말이자 내 마음 속 '덤'이었다.
마음 속 → 마음속

● 아이들은 여기 저기 뛰어놀다 결국 녹초가 됐다.
여기 저기 → 여기저기

● 낚시꾼들은 잠 한숨 못잔 채 먼 바다로 나갔다.
못잔 → 못 잔 / 먼 바다 → 먼바다

● 그녀를 떠나보낸 후 이내 가슴 한켠이 아려왔다.
한켠 → 한편

● 수학 시간에 학생들은 꿈벅꿈벅 졸기 시작했다.
꿈벅꿈벅 → 끔벅끔벅

● 철수야, 오늘 날씨도 더운데 맥주 한 잔 할까?
한 잔 → 한잔

● 그는 종이컵에 물 한잔을 따라 마신 후 떠났다.
한잔 → 한 잔

● 모임 후 그들은 다음 날을 기약한 채 헤어졌다.
다음 날 → 다음날

● 그해 12월 30일 다음날은 새해 1월 1일이었다.
다음날 → 다음 날

[맞춤법] 나들이

■ 당신을 위한 공간, 맞춤법 '연습장'입니다.

[원문] 따라 적기

_____

_____

_____

_____

_____

_____

_____

_____

_____

_____

_____

_____

_____

_____

_____

_____

개나 소나 글쓰기

맞춤법 나들이 ②

[글쓰기] 특강

■ 맞춤법 나들이 ②

[발췌] 드라마 수필」 배부른 소리하고 자빠졌네

타임머신을 타고 어린 시절 받아쓰기 여행을 떠나 볼까
합니다. 글쓰기의 [기본]은 '국어' 사랑에서 비롯됩니다.

[01]
● 계단 밑에 있는 저 아이가 제 막내 아들입니다.
● 수정) _____

[02]
● 잔치국수를 주니 후루룩 후루룩 참 잘도 먹는다.
● 수정) _____

[03]
● 철수는 시험공부는 커녕 종일 게임만 하고 있다.
● 수정) _____

[04]
● 우리 모두 이곳에 이사온지 벌써 5년이 지났다.
● 수정) _____

■ 10점 만점입니다. 국어 사랑, 글쓰기의 기본입니다.

[05]
● 아이들은 경쟁이 붙어 앞서거니 뒷서거니 했다.
● 수정) _____

[06]
● 눈이 쌓여 조심스레 한발 한발 걸음을 내딛었다.
● 수정) _____

[07]
● 철수와 영숙이는 시험이 코 앞인데 놀고만 있다.
● 수정) _____

[08]
● 자정 무렵 사냥꾼들의 흔적은 온데 간데 없었다.
● 수정) _____

[09]
● 오후 무렵 사람들이 하나 둘씩 모이기 시작했다.
● 수정) _____

[10]
● 뒤돌아 서서 나를 바라보던 그의 눈빛이 선하다.
● 수정) _____

[정답]

● 계단 밑에 있는 저 아이가 제 막내 아들입니다.
막내 아들 → 막내아들

● 잔치국수를 주니 후루룩 후루룩 참 잘도 먹는다.
후루룩 후루룩 → 후루룩후루룩

● 철수는 시험공부는 커녕 종일 게임만 하고 있다.
공부는 커녕 → 공부는커녕

● 우리 모두 이곳에 이사온지 벌써 5년이 지났다.
이사온지 → 이사온 지

● 아이들은 경쟁이 붙어 앞서거니 뒷서거니 했다.
뒷서거니 → 뒤서거니

● 눈이 쌓여 조심스레 한발 한발 걸음을 내딛었다.
한발 한발 → 한 발 한 발

● 철수와 영숙이는 시험이 코 앞인데 놀고만 있다.
코 앞 → 코앞

● 자정 무렵 사냥꾼들의 흔적은 온데 간데 없었다.
온데 간데 없었다 → 온데간데없었다

● 오후 무렵 사람들이 하나 둘씩 모이기 시작했다.
하나 둘씩 → 하나둘씩

● 뒤돌아 서서 나를 바라보던 그의 눈빛이 선하다.
뒤돌아 서서 → 뒤돌아서서

[맞춤법] 나들이

■ 당신을 위한 공간, 맞춤법 '연습장'입니다.

[원문] 따라 적기

_____

_____

_____

_____

_____

_____

_____

_____

_____

_____

_____

_____

_____

_____

_____

_____

_____

_____

개나 소나 글쓰기

맞춤법 나들이 ③

[글쓰기] 특강
■ 맞춤법 나들이 ③

[발췌] 드라마 수필」 배부른 소리하고 자빠졌네

타임머신을 타고 어린 시절 받아쓰기 여행을 떠나 볼까
합니다. 글쓰기의 [기본]은 '국어' 사랑에서 비롯됩니다.

[01]
● 나는 일식이든 한식이든 늘상 먹던 음식이 좋다.
● 수정) _____

[02]
● 그래 그래, 생각해 봐도 그건 좀 아닌 것 같다.
● 수정) _____

[03]
● 아이들 모두 놀이터에서 신나게 뛰어 놀다 갔다.
● 수정) _____

[04]
● 그가 내게 말한게 뭐였는지 생각이 나질 않는다.
● 수정) _____

■ 10점 만점입니다. 국어 사랑, 글쓰기의 기본입니다.

[05]

● 잠깐, 얘들아. 그곳엔 가지마! 벌레들 정말 많다.

● 수정) _____

[06]

● 모두가 너나 할것 없이 배고프다 난리들이었다.

● 수정) _____

[07]

● 묘비에 적힌 이름들, 모두가 잊혀진 영웅들이다.

● 수정) _____

[08]

● 아이들 모두가 몹시도 행복해 하는 표정이었다.

● 수정) _____

[09]

● 홍길동씨를 찾습니다. 혹시 어디쯤에 계신가요?

● 수정) _____

[10]

● 그녀와 난 몇 시간째 휴대폰만 만지작 거렸다.

● 수정) _____

[정답]

● 나는 일식이든 한식이든 늘상 먹던 음식이 좋다.
늘상 → 늘

● 그래 그래, 생각해 봐도 그건 좀 아닌 것 같다.
그래 그래 → 그래그래

● 아이들 모두 놀이터에서 신나게 뛰어 놀다 갔다.
뛰어 놀다 → 뛰어놀다

● 그가 내게 말한게 뭐였는지 생각이 나질 않는다.
말한게 → 말한 게

● 잠깐, 얘들아. 그곳엔 가지마! 벌레들 정말 많다.
가지마 → 가지 마

● 모두가 너나 할것 없이 배고프다 난리들이었다.
너나 할것 → 너 나 할 것

● 묘비에 적힌 이름들, 모두가 잊혀진 영웅들이다.
잊혀진 → 잊힌

● 아이들 모두가 몹시도 행복해 하는 표정이었다.
행복해 하는 → 행복해하는

● 홍길동씨를 찾습니다. 혹시 어디쯤에 계신가요?
홍길동씨 → 홍길동 씨

● 그녀와 난 몇 시간째 휴대폰만 만지작 거렸다.
만지작 거렸다 → 만지작거렸다

[맞춤법] 나들이

■ 당신을 위한 공간, 맞춤법 '연습장'입니다.

[원문] 따라 적기

_____

_____

_____

_____

_____

_____

_____

_____

_____

_____

_____

_____

_____

_____

_____

_____

개나 소나 글쓰기

맞춤법 나들이 ④

[글쓰기] 특강
■ 맞춤법 나들이④

[발췌] 드라마 수필」 배부른 소리하고 자빠졌네

타임머신을 타고 어린 시절 받아쓰기 여행을 떠나 볼까
합니다. 글쓰기의 [기본]은 '국어' 사랑에서 비롯됩니다.

[01]
● 그녀는 별 일 없었다는 듯 하던 일에 집중했다.
● 수정) _____

[02]
● 그녀는 별뜻 아니라면서 또다시 얘기를 꺼냈다.
● 수정) _____

[03]
● 몹시도 반가운듯 그녀들은 서로를 부둥켜안았다.
● 수정) _____

[04]
● 그녀는 거지에게 적선하 듯 동전을 집어던졌다.
● 수정) _____

■ 10점 만점입니다. 국어 사랑, 글쓰기의 기본입니다.

[05]
● 드디어 기다리던 2022년 새 해 아침이 밝았다.
● 수정) _____

[06]
● 새차를 산 직후부터 보란 듯 고속도로를 탔다.
● 수정) _____

[07]
● 한 초등학생이 골목길에서 한 눈 팔다 넘어졌다.
● 수정) _____

[08]
● 그들은 가게에서 수십 만원을 훔친 후 도망쳤다.
● 수정) _____

[09]
● 이제 와 기억 속 잊혀진 학교 동창이 떠올랐다.
● 수정) _____

[10]
● 저 꼬라지를 보니 몇 날 며칠 밤을 굶은 듯하다.
● 수정) _____

[정답]

● 그녀는 별 일 없었다는 듯 하던 일에 집중했다.
별 일 → 별일

● 그녀는 별뜻 아니라면서 또다시 얘기를 꺼냈다.
별뜻 → 별 뜻

● 몹시도 반가운듯 그녀들은 서로를 부둥켜안았다.
반가운듯 → 반가운 듯

● 그녀는 거지에게 적선하 듯 동전을 집어던졌다.
적선하 듯 → 적선하듯

● 드디어 기다리던 2022년 새 해 아침이 밝았다.
새 해 → 새해

● 새차를 산 직후부터 보란 듯 고속도로를 탔다.
새차 → 새 차

● 한 초등학생이 골목길에서 한 눈 팔다 넘어졌다.
한 눈 팔다 → 한눈팔다

● 그들은 가게에서 수십 만원을 훔친 후 도망쳤다.
수십 만원 → 수십만 원

● 이제 와 기억 속 잊혀진 학교 동창이 떠올랐다.
잊혀진 → 잊힌

● 저 꼬라지를 보니 몇 날 며칠 밤을 굶은 듯하다.
꼬라지 → 꼬락서니

[맞춤법] 나들이

■ 당신을 위한 공간, 맞춤법 '연습장'입니다.

[원문] 따라 적기

개나 소나 글쓰기

맞춤법 나들이 ⑤

[글쓰기] 특강
■ 맞춤법 나들이 ⑤

[발췌] 드라마 수필」 배부른 소리하고 자빠졌네

타임머신을 타고 어린 시절 받아쓰기 여행을 떠나 볼까
합니다. 글쓰기의 [기본]은 '국어' 사랑에서 비롯됩니다.

[01]
● 모두가 그의 우스개 소리에 한참이나 웃어댔다.
● 수정) _____

[02]
● 그녀를 또다시 만날 수 있다는 설레임에 빠졌다.
● 수정) _____

[03]
● 그 재미없는 강의에 학생들 모두가 지루해 했다.
● 수정) _____

[04]
● 꼬마는 호주머니 속에 만 원이 있다며 으시댔다.
● 수정) _____

■ 10점 만점입니다. 국어 사랑, 글쓰기의 기본입니다.

[05]

● 거들떠 보기는 커녕 뒷짐만 지고 있을 뿐이었다.

● 수정) _____

[06]

● 벌써 두 그릇째, 이제서야 뱃속이 꽤 든든해졌다.

● 수정) _____

[07]

● 배 속에 바람이라도 들었는지 아무 생각이 없다.

● 수정) _____

[08] 재시험(맞춤법 나들이 ①)

● 철수야, 오늘 날씨도 더운데 맥주 한 잔 할까?

● 수정) _____

[09] 재시험(맞춤법 나들이 ②)

● 우리 모두 이곳에 이사온지 벌써 5년이 지났다.

● 수정) _____

[10] 재시험(맞춤법 나들이 ③)

● 모두가 너나 할것 없이 배고프다 난리들이었다.

● 수정) _____

[정답]

● 모두가 그의 우스개 소리에 한참이나 웃어댔다.
  우스개 소리 → 우스갯소리

● 그녀를 또다시 만날 수 있다는 설레임에 빠졌다.
  설레임 → 설렘

● 그 재미없는 강의에 학생들 모두가 지루해 했다.
  지루해 했다 → 지루해했다

● 꼬마는 호주머니 속에 만 원이 있다며 으시댔다.
  으시댔다 → 으스댔다

● 거들떠 보기는 커녕 뒷짐만 지고 있을 뿐이었다.
  거들떠 보기는 커녕 → 거들떠보기는커녕

● 벌써 두 그릇째, 이제서야 뱃속이 꽤 든든해졌다.
  뱃속 → 배 속

● 배 속에 바람이라도 들었는지 아무 생각이 없다.
  배 속 → 뱃속

● 철수야, 오늘 날씨도 더운데 맥주 한 잔 할까?
  한 잔 → 한잔

● 우리 모두 이곳에 이사온지 벌써 5년이 지났다.
  이사온지 → 이사온 지

● 모두가 너나 할것 없이 배고프다 난리들이었다.
  너나 할것 → 너 나 할 것

[맞춤법] 나들이

■ 당신을 위한 공간, 맞춤법 '연습장'입니다.

[원문] 따라 적기

개나 소나 글쓰기

일상 속, 글쓰기 연습 ①

[글쓰기] 특강

■ 일상 속, 글쓰기 연습①

일상 속, 글쓰기 연습입니다. 글쓰기 학습법이란 따로 없습니다. 선 학습, 후 글쓰기 역시 잘못된 방식입니다. '무턱대고' 글을 쓰셔야 합니다. 추후 [갈고] [다듬는] 과정 속에 자신만의 문체가 완성될 수 있습니다.

산책 후 실신한(꿀잠에 빠진) 애기, 아무리 불러 본들 미동조차 없다. 개가 짖는지 아빠가 부르는지 이젠 뭐 쳐다도 안 본다. 그저 '뜨끈뜨끈한' 밥통에만 기댄 채 아예 대놓고 걸쭉한 코골이가 한창이다.

어제까지만 하더라도 녀석의 껌딱지 노릇에 귀찮기만 하더니 오늘은 왠지 이 작디작은 미물(밥통)에 괜스레 질투심만 가득이다. 아, 이젠 나도 늙어 가나 보다.

[발췌] 블로그」수필 나들이

[일상] 속, 글쓰기 연습

■ 당신을 위한 공간, 글쓰기 '서재'입니다.

일상 속
사진/그림

[   ]님이 작성한 글입니다.

_____

_____

_____

_____

_____

_____

[박진우 작가]의 의견입니다.

_____

_____

_____

■ 작가의 의견 듣기 → 블로그 [수필 나들이] 공지 참고

개나 소나 글쓰기

일상 속, 글쓰기 연습②

[글쓰기] 특강

■ 일상 속, 글쓰기 연습②

일상 속, 글쓰기 연습입니다. 글쓰기 학습법이란 따로
없습니다. 선 학습, 후 글쓰기 역시 잘못된 방식입니다.
'무턱대고' 글을 쓰셔야 합니다. 추후 [갈고] [다듬는]
과정 속에 자신만의 문체가 완성될 수 있습니다.

경남 통영의 한 갯바위, 눈부신 '일출'에 낚시는 뒷전
이다. 하긴 이럴 때면 그저 '멍하니' 바라보는 것만이
정답이다. 허영심과 욕심으로 얼룩진 심신을 달래기엔
이만한 곳도 없을 테니 말이다.

두 눈에 한껏 담아 본 일출 맞이, 어느덧 벌써 5년 전
일이 되었다. [드라마 수필] 배부른 소리하고 자빠졌네
배경지」한 갯바위에서..

[발췌] 블로그」수필 나들이

[일상] 속, 글쓰기 연습

■ 당신을 위한 공간, 글쓰기 '서재'입니다.

일상 속
사진/그림

[   ]님이 작성한 글입니다.

_____

_____

_____

_____

_____

_____

[박진우 작가]의 의견입니다.

_____

_____

_____

■ 작가의 의견 듣기 → 블로그 [수필 나들이] 공지 참고

개나 소나 글쓰기

일상 속, 글쓰기 연습 ③

[글쓰기] 특강

■ 일상 속, 글쓰기 연습 ③

일상 속, 글쓰기 연습입니다. 글쓰기 학습법이란 따로 없습니다. 선 학습, 후 글쓰기 역시 잘못된 방식입니다. '무턱대고' 글을 쓰셔야 합니다. 추후 [갈고] [다듬는] 과정 속에 자신만의 문체가 완성될 수 있습니다.

두 녀석 모두 아침밥 먹기가 싫단다. 그래서 준비했다. 냉동실에 쟁여 둔 숭어 살을 꺼내 어죽 만들기에 도전, 결과는 대성공이다.

그런데 그럴 수밖에 없다. 과도한 정성이 들어갔으니 말이다. 눌러붙기 전 젓고 또 저어 불가에서만 1시간, 가족들 모두 후루룩후루룩 참 잘도 먹어댄다. 하지만 난 숟가락도 뜨기 전 기진맥진에 녹초가 된 지 오래다.

[발췌] 블로그」 수필 나들이

[일상] 속, 글쓰기 연습

■ 당신을 위한 공간, 글쓰기 '서재'입니다.

일상 속
사진/그림

[   ]님이 작성한 글입니다.

_____

_____

_____

_____

_____

[박진우 작가]의 의견입니다.

_____

_____

_____

■ 작가의 의견 듣기 → 블로그 [수필 나들이] 공지 참고

개나 소나 글쓰기

일상 속, 글쓰기 연습④

[글쓰기] 특강

■ 일상 속, 글쓰기 연습④

일상 속, 글쓰기 연습입니다. 글쓰기 학습법이란 따로 없습니다. 선 학습, 후 글쓰기 역시 잘못된 방식입니다. '무턱대고' 글을 쓰셔야 합니다. 추후 [갈고] [다듬는] 과정 속에 자신만의 문체가 완성될 수 있습니다.

[수필] 배부른 소리하고 자빠졌네 속 등장인물들이다. 이때만 해도 참 좋았다. 대구 촌놈들과 함께 한 서울 여행, 하지만 코로나19 확산 직후 지금까지 더 이상의 여행은 없었다.

'촌놈' 녀석들, 벌써 4년 전 모습이다. 우측 창현이는 '서울대' 물리학과를, 좌측 해수는 광고 '모델'을 벌써 세 차례나 치른 신인 여배우가 됐다고 한다.

[발췌] 블로그」 수필 나들이

[일상] 속, 글쓰기 연습

■ 당신을 위한 공간, 글쓰기 '서재'입니다.

일상 속
사진/그림

[   ]님이 작성한 글입니다.

_____

_____

_____

_____

_____

_____

[박진우 작가]의 의견입니다.

_____

_____

_____

■ 작가의 의견 듣기 → 블로그 [수필 나들이] 공지 참고

개나 소나 글쓰기

일상 속, 글쓰기 연습⑤

[글쓰기] 특강

■ 일상 속, 글쓰기 연습⑤

일상 속, 글쓰기 연습입니다. 글쓰기 학습법이란 따로 없습니다. 선 학습, 후 글쓰기 역시 잘못된 방식입니다. '무턱대고' 글을 쓰셔야 합니다. 추후 [갈고] [다듬는] 과정 속에 자신만의 문체가 완성될 수 있습니다.

[수필] 배부른 소리하고 자빠졌네 속 07 '가라면 진짜 간다'의 주인공 우리집 애기다. 이 녀석의 역사는 대략 이렇다. ○유기견 ○2년 전 입양 ○아무 '생각' 없음

오전 산책 전 모습이다. 언제나 그렇듯 요염한 자태에 유혹하듯 꿀렁대는 힙라인, 게다가 아빠의 1호 '보물', 빨간책은 녀석의 턱베개가 된 지 이미 오래다.

[발췌] 블로그」수필 나들이

[일상] 속, 글쓰기 연습

■ 당신을 위한 공간, 글쓰기 '서재'입니다.

일상 속
사진/그림

[   ]님이 작성한 글입니다.

_____

_____

_____

_____

_____

_____

[박진우 작가]의 의견입니다.

_____

_____

_____

■ 작가의 의견 듣기 → 블로그 [수필 나들이] 공지 참고

개나 소나 글쓰기

일상 속, 글쓰기 연습⑥

[글쓰기] 특강
■ 일상 속, 글쓰기 연습⑥

일상 속, 글쓰기 연습입니다. 글쓰기 학습법이란 따로 없습니다. 선 학습, 후 글쓰기 역시 잘못된 방식입니다. '무턱대고' 글을 쓰셔야 합니다. 추후 [갈고] [다듬는] 과정 속에 자신만의 문체가 완성될 수 있습니다.

순백의 '목화솜', 그나저나 벌써부터 아쉬움 가득이다. 이놈들 개화 기간이 보름도 채 되지 않는다니 말이다.

그런데 여기서 잠깐, 벛꽃과 벚꽃 중 뭐가 옳은 표기일까? 정답은 벚꽃, 하지만 난 망연자실이다. 지금껏 수십 년간 벛꽃으로만 알고 살아왔으니 말이다. 작가로서 잘난 척하듯 일궈 온 [맞춤법 나들이], 벌써부터 비난의 함성이 밀려오는 듯하다.

[발췌] 블로그」 수필 나들이

[일상] 속, 글쓰기 연습

■ 당신을 위한 공간, 글쓰기 '서재'입니다.

일상 속
사진/그림

[   ]님이 작성한 글입니다.

_____

_____

_____

_____

_____

_____

[박진우 작가]의 의견입니다.

_____

_____

_____

■ 작가의 의견 듣기 → 블로그 [수필 나들이] 공지 참고

개나 소나 글쓰기

일상 속, 글쓰기 연습⑦

[글쓰기] 특강
■ 일상 속, 글쓰기 연습 ⑦

일상 속, 글쓰기 연습입니다. 글쓰기 학습법이란 따로 없습니다. 선 학습, 후 글쓰기 역시 잘못된 방식입니다. '무턱대고' 글을 쓰셔야 합니다. 추후 [갈고] [다듬는] 과정 속에 자신만의 문체가 완성될 수 있습니다.

낚시꾼의 로망, 감성돔과 벵에돔이다. 물론 남해보단 다소 씨알이 작다곤 하지만 누가 뭐래도 돔은 돔이다. 녀석들 몸값엔 시가(市價)라는 가격표가 언제든 따라다니니 말이다.

일반 어종 식감이 그저 물컹 정도라면 이놈들 식감은 탱탱과 쫀득 덩어리다. 잠 한숨 못 잔 채 비싼 돈까지 들여가며 먼바다로 나가는 이유, 바로 이 때문이다.

[발췌] 블로그」 수필 나들이

[일상] 속, 글쓰기 연습

■ 당신을 위한 공간, 글쓰기 '서재'입니다.

일상 속
사진/그림

[   ]님이 작성한 글입니다.

_____

_____

_____

_____

_____

_____

[박진우 작가]의 의견입니다.

_____

_____

_____

■ 작가의 의견 듣기 → 블로그 [수필 나들이] 공지 참고

개나 소나 글쓰기

일상 속, 글쓰기 연습 ⑧

[글쓰기] 특강

■ 일상 속, 글쓰기 연습⑧

일상 속, 글쓰기 연습입니다. 글쓰기 학습법이란 따로 없습니다. 선 학습, 후 글쓰기 역시 잘못된 방식입니다. '무턱대고' 글을 쓰셔야 합니다. 추후 [갈고] [다듬는] 과정 속에 자신만의 문체가 완성될 수 있습니다.

고장 난 머리에 '무뎌진' 펜 끝, 이럴 때면 난 백지화 작업에 돌입한다. 서재에 딸린 나만의 독립 [영화관], 소파에 걸터앉아 차디찬 맥주 한잔에 주전부리 땅콩, 이내 이어지는 한 편의 영화 감상은 당연한 수순이다.

영화배우 '강동원', 그런데 정말 해도 해도 너무했다. 내가 봐도 지나치게 아니, '쓸데없이' 참 잘생겼으니 말이다. 휴, 백지화 작업은커녕 질투심만 한가득이다.

[발췌] 블로그」 수필 나들이

[일상] 속, 글쓰기 연습

■ 당신을 위한 공간, 글쓰기 '서재'입니다.

일상 속
사진/그림

[   ]님이 작성한 글입니다.

_____

_____

_____

_____

_____

_____

[박진우 작가]의 의견입니다.

_____

_____

_____

■ 작가의 의견 듣기 → 블로그 [수필 나들이] 공지 참고

개나 소나 글쓰기

일상 속, 글쓰기 연습⑨

[글쓰기] 특강

■ 일상 속, 글쓰기 연습 ⑨

일상 속, 글쓰기 연습입니다. 글쓰기 학습법이란 따로 없습니다. 선 학습, 후 글쓰기 역시 잘못된 방식입니다. '무턱대고' 글을 쓰셔야 합니다. 추후 [갈고] [다듬는] 과정 속에 자신만의 문체가 완성될 수 있습니다.

산책로 초입에 만난 경고 문구, 순간 '반성'의 도가니. 가끔이지만 산책 시 휴지를 미처 챙기지 못해 1년에 한두 번 꼴로 난 범법자가 되곤 한다. 그러다 알게 된 사실 하나, 과태료와 달리 벌금은 전과가 남는단다.

에휴, 그런데 이놈의 직업병이 문제다. 경고 문구 중 맞춤법이 틀린 네 곳이 자꾸만 눈에 거슬리는 것이다. ○동반 시 ○위반 시 ○50만 원 ○착용시키고

[발췌] 블로그」 수필 나들이

168

[일상] 속, 글쓰기 연습

■ 당신을 위한 공간, 글쓰기 '서재'입니다.

일상 속
사진/그림

[   ]님이 작성한 글입니다.

_____

_____

_____

_____

_____

_____

[박진우 작가]의 의견입니다.

_____

_____

_____

■ 작가의 의견 듣기 → 블로그 [수필 나들이] 공지 참고

개나 소나 글쓰기

자유 소재 / 나만의 글

[자유] 소재, [나만의] 글

■ 당신을 위한 공간, 글쓰기 '서재'입니다.

[수정 전] 습작

_____

_____

_____

_____

_____

_____

[   ]님이 작성한 글입니다.

_____

_____

_____

_____

_____

_____

[박진우 작가]의 의견입니다.

_____

_____

_____

■ 작가의 의견 듣기 → 블로그 [수필 나들이] 공지 참고

[자유] 소재, [나만의] 글

■ 당신을 위한 공간, 글쓰기 '서재'입니다.

[수정 전] 습작

_____

_____

_____

_____

_____

_____

[   ]님이 작성한 글입니다.

_____

_____

_____

_____

_____

[박진우 작가]의 의견입니다.

_____

_____

_____

■ 작가의 의견 듣기 → 블로그 [수필 나들이] 공지 참고

[자유] 소재, [나만의] 글

■ 당신을 위한 공간, 글쓰기 '서재'입니다.

[수정 전] 습작

_____

_____

_____

_____

_____

_____

[   ]님이 작성한 글입니다.

_____

_____

_____

_____

_____

[박진우 작가]의 의견입니다.

_____

_____

_____

■ 작가의 의견 듣기 → 블로그 [수필 나들이] 공지 참고

[자유] 소재, [나만의] 글

■ 당신을 위한 공간, 글쓰기 '서재'입니다.

[수정 전] 습작

_____

_____

_____

_____

_____

_____

[   ]님이 작성한 글입니다.

_____

_____

_____

_____

_____

[박진우 작가]의 의견입니다.

_____

_____

_____

■ 작가의 의견 듣기 → 블로그 [수필 나들이] 공지 참고

[자유] 소재, [나만의] 글

■ 당신을 위한 공간, 글쓰기 '서재'입니다.

[수정 전] 습작

_____

_____

_____

_____

_____

_____

[   ]님이 작성한 글입니다.

_____

_____

_____

_____

_____

[박진우 작가]의 의견입니다.

_____

_____

_____

■ 작가의 의견 듣기 → 블로그 [수필 나들이] 공지 참고

[자유] 소재, [나만의] 글

■ 당신을 위한 공간, 글쓰기 '서재'입니다.

[수정 전] 습작

_____

_____

_____

_____

_____

_____

[   ]님이 작성한 글입니다.

_____

_____

_____

_____

_____

_____

[박진우 작가]의 의견입니다.

_____

_____

_____

■ 작가의 의견 듣기 → 블로그 [수필 나들이] 공지 참고

[자유] 소재, [나만의] 글

■ 당신을 위한 공간, 글쓰기 '서재'입니다.

[수정 전] 습작

[   ]님이 작성한 글입니다.

[박진우 작가]의 의견입니다.

■ 작가의 의견 듣기 → 블로그 [수필 나들이] 공지 참고

[자유] 소재, [나만의] 글
■ 당신을 위한 공간, 글쓰기 '서재'입니다.

[수정 전] 습작

_____

_____

_____

_____

_____

_____

[   ]님이 작성한 글입니다.

_____

_____

_____

_____

_____

[박진우 작가]의 의견입니다.

_____

_____

_____

■ 작가의 의견 듣기 → 블로그 [수필 나들이] 공지 참고

[자유] 소재, [나만의] 글
■ 당신을 위한 공간, 글쓰기 '서재'입니다.

[수정 전] 습작

_____

_____

_____

_____

_____

[   ]님이 작성한 글입니다.

_____

_____

_____

_____

_____

[박진우 작가]의 의견입니다.

_____

_____

_____

■ 작가의 의견 듣기 → 블로그 [수필 나들이] 공지 참고

[자유] 소재, [나만의] 글

■ 당신을 위한 공간, 글쓰기 '서재'입니다.

[수정 전] 습작

_____

_____

_____

_____

_____

_____

[   ]님이 작성한 글입니다.

_____

_____

_____

_____

_____

[박진우 작가]의 의견입니다.

_____

_____

_____

■ 작가의 의견 듣기 → 블로그 [수필 나들이] 공지 참고